베란다 카페 1호점

베란다 카페 1호점

김경희 시집

그루

시인의 말

교직 생활을 하며, 나는
아름다움을 아이들에게서 처음 보았다.
그 미묘한 심리와 천지의 무늬는
시가 아닌 것이 없었다.
한없이 따뜻하던 부모님과 형제자매
사랑하는 자식과 손자 손녀들
그 무엇 하나 부족함 없이 지냈다.
시를 쓰면서 마음속에 들어온
그 모든 감사함을 다 풀어낸다.
앞산 노을을 보니 문득,
먼저 간 그이가 보고 싶다.
사랑하는 아이들에게
이 시집을 바친다.

2025 봄
대덕산 아래에서
流水 김경희

차례

제4부 **아무꺼나**

제5부 **그땐 몰랐네**

해설

제1부 그리움

그리움

단풍 든 오솔길을 손잡고 걸었네

다시는 만나지 못할 사무친 그

행여 꿈속에서라도 만날까,

잊으려 해도 잊히지 않는 사람

초승달에 걸어 둘 걸 그랬네

이 가을밤 창가에 떨어지는 낙엽

눈 감으면 더욱더 또렷한 그의 얼굴

아, 바람 속에 접어 둘 걸 그랬네

갠지스강

갠지스강 가에서 물어보라

삶과 죽음의 문門이 다르냐고,

지구촌 관광객 웃음소리 요란하다

영혼 불멸의 신神 시바여!

건강 행복 소원 성취 기원하는

보트 객들 꽃등 행렬 간절하다

멀리서 연이어 솟아오르는 시체 연기

부귀영화 누린 자 가난한 자

화염 속 불구덩 속 한 줌 재가 되리라

인생의 시작이며 마지막인 이곳

갠지스강, 천국으로 들어가는 꽃의 길!

흰머리 소녀의 꽃 잔치

앙상한 가지에 봄기운 돌아

연둣빛 잎새 물오르고

소녀의 젖가슴처럼

꽃봉우리들 앞다투어 터뜨리네

흰 꽃 핀 벚꽃 가지 허공을 만지고

백목련 자목련도 벙글어 탐스럽네

이 짧은 인생 백년 떠올려 보면

붉은 노을 눈물이 젖네

내 생의 화단에 꽃씨를 뿌려도

보아줄 그 사람 어디에도 없네

울 엄마

가을바람 불어오는 탓이리
왠지 오늘 울 엄마 생각이 무척 난다

사무치도록 그리운 울 엄마
아무리 불러도 대답 없는 울 엄마 보고 싶다

쌀뒤주에 배급쌀 채우며
천석꾼, 만석꾼 안 부럽다시던
울 엄마

그때는 몰랐지
철부지였으니

자식들 굶기지 않게
배부르게 먹일 수 있어 행복해하시던 그 모습

배꽃처럼 화사하던 울 엄마
얼굴 참 고왔지

왠지 식사 때만 되면 찾아오던 손님들
빈입으로 돌려보내지 않으셨네

우리 집 가난해도 늘 사람들 북적거렸지
식구들 한술 덜 뜨고 손님 배려하였네

절친 춘희는 가끔씩 함께 밤새하곤 하였지
잘 익은 갈치김치 쭉쭉 찢어서 하얀 쌀밥 위에 올려 먹었지

그래도 울 엄마
눈치 한번도 준 적 없었네

엄마!
너무 보고 싶다
사무치게 보고 싶다

거실 백합

턱을 괴고 생각에 빠진
가녀린 그녀
간밤
꽃술 미소 머금더니,

아침
햇살에 활짝 웃으며
인사하네

그윽한 그녀의 향기
온 집 안 퍼지네

입가에 웃음꽃 절로
번진 그녀

순결하며 변함없는 사랑
영원하리

이사

한아파트에 살며 207동 서재에서
208동 거실 창문들 점검하곤 했지
불 꺼진 뒷동 딸 집 흔적들

매일같이 무얼 하는지
베란다 너머로 궁금해 내다보곤 했는데,
어린 자식들 공부 위해
부득이 이사 가는구나

젊을 때 애살 많은 내 모습 보는 듯
딸은 엄마 혼자 두고 가는 걸
못내 걱정하는 눈치다

서운해 하지 마라
너무 애쓰지 마라
네 몸도 아껴야지 이러다 병날라
딸이 안쓰럽기만하다

엄마! 엄마도 우리들
온 정성 쏟아부어 키웠잖아요

숙제 덜하고 TV 본다고
브라운관 망치로
깨트리며 혼낸 적도 있죠

금요일 하교부터 일요일까지
엄마 집에서 지낼게요
독거노인 엄마 걱정돼 하는 소리

손주들은 좋아라 만세를 부른다
유치원 입학 때까지 할미 품에서 자란
저 이쁜 것들, 이 집은
손주들의 마음의 고향

엄마 아빠보다 더 너그러움 주는
외할머니가 더 편했겠지

귀염둥이 내 새끼들

밤이면 더 보고 싶겠지

고맙다, 예쁘다, 사랑한다

뭉게뭉게 흰구름처럼
삼 남매 한결같이

정 나누며
우애 깊게 잘 지내니
이젠 눈감아도 여한이 없겠구나

두 며늘아기
가지런히 가정 잘 꾸려 가고
손자 손녀 건강하고
인성 바르게 잘 키워 가니

고맙다
예쁘다
사랑한다

싫은 기색 하나 없이
멀리 있는 처남들 역할까지

다해 준 변 서방! 고마웠다

장모 다리 골절상 당했을 때도
나를 업고
아파트 계단 오르내리며
병 수발을 도맡았던 내 사위!
정말 고마웠다
사랑한다 내 사위!

늙은 엄마 떼쓰는 거 다 받아 주고
욕심 많은 복 노인
치닥거리 다해 주면서도

엄마 외로울까 봐
친구 역할까지 다해 준 내 딸
정말 고맙다 사랑한다

보기만 해도 좋은

내 손주들

그리고 두 아들

엄마 곁에 있어 정말 정말 행복해

꿈꾸는 노망

캠핑카를 타고 세계 일주를 시켜 준단다
제대 후 복학할 때까지 손자는
나의 로망을 노망으로 부풀게 한다
그리스 지중해를 갈까, 스위스 눈밭에서 뒹굴까
꿈도 차돌처럼 야무지게 꾼다

아무리 효손이라도 그렇지,
시간 남아돌 때는 돈이 없고
돈 있을 때는 몸이 낡아 버리고
운전면허증도 벌써 반납해 버렸는데…
그래도 손주는 자꾸 할미를 모시고 간단다

이왕 가는 김에 먼 옛날 가신 할아비도
모시고 가면 안 될까, 속으로 중얼거린다
버킷리스트 마음껏 해보지도 못했는데
그이는 천국 여행 잘 할까 몰라!
로망은 노망을 타고 무럭무럭 헛꿈처럼 부푼다

허전할까 봐

지난밤 하늘이 뚫린 것처럼
쏟아지는 빗속을
꽃집 꽃 모두 휩쓸어 온 듯

백장미, 붉은 장미, 흰 물망초
식탁 위에 풍성히 피어 있다
백합이 지고 나니
꽃 좋아하는 엄마
허전할까 봐
실컷 즐기라고 딸이 안고 온 꽃다발

온 집안
그윽한 향기
입가에 장미꽃 웃음이
절로 번진다

붉은 장미, 흰 안개꽃
죽을 만큼 엄마 사랑하는

딸의 마음

백장미 환한 다발은
늘 행복하고 기뻐하라는
그 따뜻한 효심일 테지

내 사랑 쫑

어제 온 통통배가 육지로 간다기에
소식 전하고자 포구로 나갔더니
그 배는 통통거리며 다시 떠나고 있네

뛰어가면 잡을 것만 같은 배
점점 시야에서 멀어져가네

반짝반짝 금싸라기 같은 바닷물
자박자박 걸어가면
바다 건너 고향집에 닿을 것 같네

가정교사 시절 학생 집에서 준
사랑스런 애완견 쫑
외로운 내 마음 알아주던
애교스런 쫑

누에 실습 기간 중
총알같이 집으로 달려가

대문 여는 순간
반갑다고 매달리는 쫑

갓 시집온 올캐는
식사 때마다 내 밥뚜껑에 밥을 비벼
함께 밥상 곁에서 개밥 먹이는 모습
영 못마땅했는데…

내 사랑 쫑 데리고 가려니
못 데리고 가게 하시던 울 엄마
멀리 울릉도에서 병이라도 나면
뒷감당 어찌할 거니?

동물 병원도 없다는데
덜컥 겁이 나네
결국 가슴에 묻고 빈손으로
초임을 울릉도에서 보냈네

수업이 끝나면 태하 앞바다 파도 소리
지는 해 낙조 바라보며
성인봉 산책할 때
제일 보고 싶던 쫑
천국에서 잘 있겠지

제 2 부

노욕

백합

간밤
꽃술마다 자줏빛 미소 머금고 있더니

무더운 여름 아침을
요정처럼 활짝 웃으며
인사하네

거실에 그윽한 향기
온 집 안 뿌리며

입가에 웃음꽃 절로
피게 하는 너

순결하며 변함없는 사랑
영원하여라

노욕

거실에 옹기종기 모여 앉은 화초들
종알종알 봄소식 전하네

웃자란 제라늄 진작 삽목해야 했는데
가지마다 피어난 꽃송이지만
내 눈엔 영 탐스럽지 않네

목말라요, 물 주세요!
햇빛 보여 주세요
늘 아우성치던 내 사랑하는 애들

한창 자랄 때 잘 돌봐 줄 걸
이젠 늙은 내 몸 걱정이 되네

지난해 골절상, 지지난해
오른쪽 셋째 손가락 수술한 이래

"화분 만지지 마세요. 몸 아끼세요.

여기가 집입니까? 식물원입니까?”

아들의 충고는 어미 가슴을 치고
귀염둥이 화초들 유일한 동거인

그 화초들만은 내 손으로 가꿔야지
생일날 자식들 모인 자리에서 두 팔 걷어올리고
애들 잔소리 귓등에 흘리며 물뿌리개를 든다

더워 봤자지 뭐

흰구름도 더위에 지쳤나
입추가 지나도
산너머 더디 가네

가을 하늘 높아지며
코스모스는
하늘 하늘대는데

귀뚜라미 울음소리
가까이 들리네

마지막 발악인 양
밤낮없이 무더위
기승을 부리네

조금만 참자구나
제아무리 기상이변 일지라도

가을 이기는 여름 없나니
시원한 바람 불면

의자라도
하나 내놓고
노을 구경이라도 해야지

동생 부부

과촌리 청정지역에서 손수 재배한
감자 호박 오이 아스파라거스
수시로 가져다 주는 동생 부부

늘 얻어먹기만 하는
못난 누나 두어서
귀찮기도 하련만은

사회교육원에서 만나
짝꿍이 된 이래
내 생일도 챙겨 주니
어찌나 고마운지!

아, 칠순 때 돌린 수건에 적힌
내 생일 날짜 잊지 않고
그때부터 거하게
한 상 차려 주는 동생 부부

유기농 야채만큼이나
소중한 우리의 인연
달디단 호박전 목으로 넘기며

스무 해 맺은 인연
아름답고 귀한 만남
늘 누나는 고맙고 고마워
하늘에 감사 인사드리네

동침

음력 정월 초하루
조상들과 번개처럼 만나고
식구 모두 여행 떠났지

엄마, 어디 가실래요?
순간 소녀가 되어 입 안에 맴돈 말
'눈 덮인 설악산 구경하고 싶다!'

눈길 운전
아들에게 시킬 수 없어
손주들 데리고 해운대 바닷가 택했네

둘째 아들이랑
5성급 호텔 침대에서 함께 잤지
장가간 후 17년 만의 동침이랄까

그 밤 천장의 별빛을 보았지
사별 후 듬직한 아들과 잔 잠은

얼마나 달달하던지!
혹여 몸부림치면
그 귀한 아들 깰까 봐
꿈속에서도 침대보 꼭 쥐고 있었네

둥지

아직
동도 트지 않았는데
정원 모과나무 참새 둥지에는
아침 준비하느라

엄마 새
아빠 새
아기 새
햇살 물고 재잘거린다

조그만 부리로
짹짹짹
짹짹짹
먹이 쪼아 먹는다

아침 식사 후
제각기 일터로
숲속으로

학교로 날아간다

저녁노을 질 때면
즐거운 하루였다고
종알거리며 돌아오겠지

꽃밭을 함께 가꾸는
바람 동무 보러
포근한 새 둥지로 날아오겠지

아침

참 부지런하다
참새들은

아직
동도 트지 않았는데

정원 모과나무 참새 둥지에
모여 앉아 새의 말로
노래하네

짹짹짹
짹짹짹
짹짹짹

늦잠자려 했는데
햇빛이 새의 말을
재잘재잘 전해 주네

아, 삶은 얼마나 기쁜가
하루를 산다는 것은
얼마나 기적인가!

또다시 아마존 정글로

눈 속을 거닐고 싶다
눈 속에 묻히고 싶다

끝없는 안데스가 둘러싼 모레노의 초현실
그 속으로 들어가고 싶다

남미 한 달 여행은 칠순의 도전이었다
모레노의 숨소리가 아직도 귓전을 때린다
빙하에 첫발 내디딜 때의 그 아찔함

비행기 타는 긴 시간이 겁이 난다
팔순의 낡은 용기가 문밖을 서성인다
다시 도전할 수 있을까

가자, 아니다, 가자, 아니다
두 개의 의구심
번갈아 스멀스멀 올라오는데,

마음은, 지금이 황금기다

누비러 가자

또다시 아마존 정글로

외치고 있다

니만 괜찮으면 됐다

따르릉!
여보세요?

첫째가?
네, 어무이 접니더

집에 왔나?
아니 호텔입니더

집에도 못 가고
공장, 호텔로만 전전하니 힘들어 어쩌노

몸은 괜찮나?
네, 괜찮심더

꼭 운동하고 음식 잘 챙겨 먹거라
네, 식당 아줌마가 잘 챙겨 줍니더

어무이도 코로나 조심하이소
외출하실 때 꼭 마스크 챙기시고요

그래, 그래그래!
니만 괜찮으면 됐다 엄마는!

마중물

참 세월이 화살보다 빠르네

언제 이렇게 쭉 곧은 전나무처럼 컸지

손자 손녀 생각만 해도 좋지

할미 걱정하는 너희들 효심

꽃보다 더 환한 내 새끼들

저녁마다 울리는 벨 소리

내 힘이 솟구치는 소리

손자 손녀 없는 독거노인들

밤마다 얼마나 외로울까

외로움 파도처럼 몰려드는 이 저녁

한마디 보약 같은 전화 속의 말

할머니, 힘내세요, 우리가 있잖아요!

맞아, 맞아 맞아

너희들이 내 생의 봄꽃 피우게 하는 마중물이지!

제3부

베란다 카페 1호점

불꽃

온몸에 소름 꽃이 돋는다

공포가 엄습한다

홍콩 디즈니랜드 불꽃놀이 예포 소리 듣는 순간,

6·25 피난 시절이 떠오른다

포항 송도 백사장 모래 웅덩이에 숨어 있을 때

총알이 춤추던 포화 속

깊은 내면 무의식중에

트라우마로 각인돼 있었나 보다

베란다 카페 1호점

꽃구름이 뭉게뭉게 피어나는
푸른 하늘을
맘껏 볼 수 있는
작은 베란다 카페 1호점 이야기랍니다

정 나눌 벗들과 함께
꽃의 속삭임에 귀를 기우리며
에스프레소, 아메리카노, 라떼, 카푸치노
마끼아또, 바닐라라떼 마시며
장미꽃 나라의 소식도 듣는답니다

소월의 '산유화'도 읊고
목월의 '나그네'도 읊고
생강차, 대추차, 도라지차를 마시며
마음껏 여흥을 누릴 수 있는 곳

베란다 카페 1호점으로
어서어서 오세요

사랑, 우정, 인정, 향기, 지난날 추억들
모두 모두 무료랍니다

이곳은 근심 걱정 털어버리고
클래마티스, 물망초, 부겐베리아도
웃음꽃 피어나는 동네랍니다

봄이 오면 백합도 후레지아도
글라디올러스도 옷고름을 풀겠지요
효성타운, 작은 나만의 베란다 카페 1호점
지금 개업 중이랍니다

slowly & slowly

세상일이란 참 희한합니다
젊을 땐 돈이 없어 못하고

늙어선 건강을 잃어 용기마저 약해져
해외여행도 크루즈 여행도
하고 싶은 것 맘껏 즐기지 못한답니다

세월은 뜻대로 되지 않아도
꿈을 잃어버리면 안 된답니다

느긋한 마음, slowly & slowly
비우고 비우니 가벼워집니다

베란다 사랑스런 식물원에서
꽃들과 종일 수다를 떱니다

무리하지 마세요
커피는 하루 한 잔 아메리카노 어떤가요?

걷는 것은 각자 살아온 걸음걸이로
한 발짝 두 발짝 옮겨가기를 기도합니다

오 남매

핏덩이 품에 안고 피난 가다가
울산 물가 어디에서 떠나보내고

셋째둥이 동생은 집에 돌아온 날 저녁
하늘나라로 날아갔지

내 나이 다섯 살 때 일이지만
어제 일처럼 생생하다

옛적 동생들 생각날 때면
가끔씩 천도제를 지냈지

착함 그 자체였지
죄지을 새도 없이 짧게 흔적만 남기고 간 동생들

천상에서 잘 지내라고
칠십사 년이 흐른 지금도

새벽에 일어나면 서쪽 하늘을 향해
좋은 세상에 환생하라고 기도하지

사친회비

하얀 눈이 내린다
눈이 돈이었으면 좋겠다
라고, 생각했다

그 옛날 엄마 아부지, 선생님
걱정 덜어 드리고 싶어서

내일도 학교 가면
또 재촉하실 거다
사친회비 가져왔느냐고?

부모님께 말도 꺼내지 못했다
왜냐고?
집에 돈 없는 걸 잘 아니까

그날도 하늘에는
펑펑 뚫린 것처럼
내 마음에 하얀 눈이 쌓였다

하느님이시여!
열심히 공부해서
부자가 되어

어려운 동무들의 사친회비 내 줄게요
아련히 떠오르는 초등학교 시절
기억 한 토막

경계에서

이승과 저승의 경계에서
삶과 죽음을 넘나들며
축제를 벌이고 있는 갠지스 강가
지구촌 관광객이
웃음꽃을 피우고 있다

각자 아름다운 꽃밭을 가꾸는
보트 객들의 꽃등 행렬
신께 전달하는 간절한 마음

불과 몇 미터 아래에선
죽음을 태우며
솟아오르는 연기

화염 속 불구덩이 삼십 분이면
한줌 재가 되리라

아!

이것이

바로 인생이려니

사모곡

음력 사월 스무이틀은 엄마 생신
음력 사월 스무나흘은 내 생일

당신 생신은 그냥 넘겨도
딸 생일은 꼭꼭

학교 성적표 챙기듯
챙겨 주셨지

곳간 며느리 손에 넘겨주신 뒤론
살며시 다가와

"너의 식구들끼리 외식해라"며
봉투 주셨지
젊은 날 참 나는
철부지 망나니였지

엄마 생신 때마다 집에서 준비하기 힘들다고

찔레나무 가시처럼 투덜거렸지

외모도, 성격도, 당뇨병까지도
꼭 빼닮은 둘째 딸

그리워요, 엄마!
눈물을 소매에 찍는 당신 생신날!

잉여剩餘

화살촉 같은 세월
언제 이렇게 나이를 먹었지

하루를 스물여덟 시간처럼 써도
모자란 때도 있었는데

옛 어른들 말씀이 딱 맞네
세월은 날 기다려 주지 않고

무심한 달빛만 창가에 빛나네
아무도 날 찾지 않네

부모님도 그이도
오빠도 사랑하는 이들도

자꾸 내 곁을 떠나가네
아이들도 새 보금자리 찾아 떠나갔네

덧없음이여!

외롭고 쓸쓸한 잉여剩餘의 삶이여!

파안대소

해 지네 노을도 가네

그런 쓸쓸한 생각 하다가도

달 뜨네 별이 빛나네

그런 기쁜 생각으로 바꾼다

아, 나는 풍요롭고 재미있는

주름진 꽃이야, 그래 놓곤

거울 앞에서 혼자 파안대소한다

늙어 가는 것은 익어 가는 것이라는

어느 가수의 노랫말을 따라 하다

그래, 맞아! 그래 맞아!

늙는 것도 재능기부지, 우긴다!

아, 어쩌면 좋으니

저녁노을 질 때면
남녀노소 견주님들

애완견 유모차에 태워
목줄 쥐고 삼삼오오 모여든다

집집마다 애기 울음소리 안 들리고
애완견들 짖음만 요란하다

아파트 마당
주차된 자동차 밑
구석구석 신나게 활개치는 유기냥들

오늘도 낯익은 배불뚝이 유기냥
임신해 무척 힘들어 보인다
머잖아 또 식구가 불어나겠지

저출산 1위국

운동 나온 사람보다
개와 냥이들 운동 판

참 희한한 진풍경
대한민국은 개와 냥이의 세상

아! 어쩌면 좋으니

제4부 아무꺼나

어디라도 좋다

어머니!
어디 가시고 싶으세요
너희하고 가면 세상 어디라도 좋다

산 바다 들판 확 트인 하늘
파도 소리 바람 소리 동백꽃 피는 소리
파란 수평선 흘러가는 흰구름 보며
모래펄, 바다 구경도 좋다

그것도 아니면, 흠뻑 비 맞으며
소낙비 빗속을 거닐고 싶다
대학 학보사 기자 시절
신입생 환영회 갔을 때

무주 구천동 계곡 갑자기
쏟아지는 폭우 속에서
비 맞은 생쥐가 되어 날뛰던 철없던 시절
그 아름다운 청춘으로 가고 싶다

아무꺼나

엄마! 뭘 잡수실래요
아무꺼나

칼질하거나, 매운 것만 빼고
네 좋아하는 거 먹자

그래도, 잡숫고 싶은 것 말씀해 주셔야죠
한식 중식 양식 일식

근데, 참 이상타
대접하는 딸의 마음 모르는 것도 아닌데

정말 깜깜하다
아무런 생각도 나질 않는다

단둘이 외식 처음 하는 것도 아닌데
스테이크, 한 포크 목에 넘어가고 나면

그때 불현듯

수제비, 부추전이 생각난다

에어컨

설정 온도 25도
밤새 틀어 놓고
쾌적한 온도라 잘 잤다

열대야 속
밤새도록 땀 흘리며
기진맥진한 너

고맙다 미안타

연이은 폭염
너 몸살 날까
걱정이구나

지금은
너를 1순위로 사랑하지만
하도 변덕쟁이라
머잖아

입추 말복 처서 문턱에 오면

너와의 사랑도 끝나겠구나

여보게 할멈

비가 내린다
창틀에 빗물이
마구 부딪힌다

폭우 속을 달리고 싶다
먼 옛날
젊음을 그리며

아서라!
팔순을 바라보는 할멈

미끌어져
대퇴골이라도 다치면

인생 종 침을
왜 모르는가

그날이 초상 날

안 되려면

저 빗소리 들으며
빈대떡이나
부쳐 먹어야겠다

오래된 편지

—故 청마 유치환 교장 선생님께 바칩니다.

반백 년하고도 십 년이 더 흘렀습니다
대구여자고등학교 1학년 2학기
새 교장 선생님이 부임하셨지요
부임 첫인사 말씀이 아직도 생생하게 귓전을 울립니다
훤한 외모와 준엄하신 음성으로
"내가 가장 사랑하는 사람은 여성입니다
나의 어머님도 여성이요 내 딸도 여성이요
여러분들도 여성입니다"
그 아침 사춘기 여고생들은 난리가 났지요
시인이 읊조린 사랑의 시 같았으니까요

교장실 청소 담당은 문학소녀를 꿈꾸던
제겐 행운이었어요
조금이라도 더 선생님을 뵙고 싶어
요리조리 청소 핑계를 대었으니까요
겨울 창틀에 어여쁘게 피어 있는 시클라멘 꽃 이름도
그때 선생님께서 가르쳐 주셨지요
꽃에게 물 주는 방법을 부드러운 음성으로 일러주신

그 공간의 기억이 이따금 떠오른답니다

어느 봄날이었지요
선생님께서 "경희야, 너에게 시제詩題 하나 줄게. 한번 써 보렴."
하시면서 "이른 아침 참새들이 둥지에서 재잘거리며
창공을 날아갔다가 저녁 되면
집으로 돌아오는 모습을 시로 표현해 보렴." 하셨지요

그날 이후 저는 선생님 몰래 시를 끄적였지요
초임 발령을 받은 울릉도에서
바다를 보며 선생님의 시를 외우곤 하였어요
생이 다 그렇지만, 가족을 건사하느라 까맣게
시를 잊고 지내다, 아이들이 다 떠난 빈 둥지에서
덩그러니 혼자 남으니, 선생님 생각이 불현듯 납니다

팔순에 청승맞게 웬 시냐고? 친구들이 핀잔을 주면
"이래 뵈도 나 청마 유치환 시인의 제자야"
한바탕 배꼽 잡게 웃겨 주려고요

오수

늦은 봄날 나른한 한낮이다

1973년 10월

첫아들이 강보에 쌓였을 때

귀한 선물을 하늘이 주셨지

백일도 채 안 되었는데

"엄마" 하는 첫 옹알이에

천재 났다고 친정엄마와

내 손바닥에 불이 났었지

누구나 그땐 철부지이지

아득한 전화벨 소리

깜짝 잠에서 깨어 보니

아, 꿈이었구나!

일장춘몽一場春夢!

그해 오월

멍하니 숨도 생각도
멈춰 버린 시간들

아!
님은 갔구나

이승과 저승
인연의 끈이 끊어졌구나

긴 겨울이 지나고
새싹 돋고 새들이 지저귀며 온갖 꽃들이 만발할 때

당신과 나
우리들의 행복을 하늘은 질투했나 봐

그날 이후 오월이 오면
당신이 그리워요

장손자는 제대 후 입대 동기들과
4월 말 유럽 여행을 떠날 예정이고요

장손녀는 한 학기 휴학하고 3개월간
스페인 경유 유럽 배낭여행 갔어요

세계 일주를 꿈꾸며
오대양 육대주를 누빌 때도 있었는데

이젠 덩그렇게 혼자 남았네요
왠지 울고 싶어요

밀려드는 그리움
여보! 보고 싶어요!

울 큰언니

비몽사몽 중에 전화벨이 울린다
일어나 욕실에 가서 전화를 받았다
울 큰언니다
젊고 건강한 언니가 나는 쳐다보지도 않고
자식들과 즐겁게 얘기한다

아! 꿈이었구나!

팔순을 넘어 병상에서 싸우고 있는 언닌데

무슨 꿈인지 해몽할 수가 없다
방금 꿈처럼 건강하게 집으로 돌아와
아이들과 재미있게 지내면 얼마나 좋을까
밤새도록 언니 생각하며 지새웠다

언니 일생이 주마등같이 스쳐 지나간다

모진 세파 묻어 두고 애써 잘 웃는 속 깊은 울 언니

내주에 면회 갈게,
지난주 우리 알아볼 때 너무 기쁘고 좋더라
빨리 퇴원해 그때처럼 드라이브하고
풍광 좋은데 바람 쐬며 향기 짙은 커피 마시자

여고 시절 늘 내 머리 묶어 주고 땋아 주던
하얀 칼라 풀칠해 다려 주던 울 큰언니

가을바람

늦가을 낙엽이 떨어지는 까닭은

가을바람이 쓸쓸히 불기 때문이지

울 엄마 울 아부지 구름 너머 사시기 때문이지

그리워도 불러도 빈 산 메아리뿐

그 옛날 엄마 하고 부르면

부엌에서 달려나와 함박꽃처럼 웃으셨네

울 엄마 사남매 남부럽지 않게 키우셨네

울 아부지 유난히 날 예뻐해 주셨지

밤이면 무릎에 앉히고 반야심경 독송하셨지

앞산처럼 늘 따스하던 울 아부지 등

어린 딸 목마도 태워 주셨지

거리엔 낙엽들이 바람에 흩날리고

철들자 울 엄마 울 아부지 북망산천 떠나셨네

그곳에서 두 분 손 꼭 잡고 잘 사세요

울 오빠

아들이 인생의 전부였던 하늘나라 엄마 곁에서

여전히 효도하시며 모자 편하게 지내시죠

일찍 아버지 여의시고 여동생 셋 부父 역할까지 하시느라

울 오빠 삶은 참 고달프셨죠

당신이 생각날 때마다 목젖이 뜨거워집니다

무서우면서도 정이 깊은 울 오빠

앞산 흰구름만보면 왠지 당신이 그리워집니다

가고 싶던 심리학과 철학과보다

순탄하게 살려면 영문학과 가야 한다며 밀어넣으셨죠

졸업과 동시에 중등교 발령나 인생 행복한 것

다 울 오빠 멀리 내다본 혜안 덕분이에요

그 덕으로 지금껏 잘살아 고맙습니다, 오빠!

이젠 천국에서 하시고 싶은 것 맘껏 하세요

울 오빠, 먼 훗날 뵈면 꼭 안아 드릴께요!

강원도 산골에 장가가

감자 깎아 분 낸
달달하고 따끈한 삶은 감자
유난히 좋아했지
실컷 먹겠다던 먹보

어른 되면 강원도 산골에 장가가
앞뜰도 뒤뜰도 온통 감자 심어
매일 감자만 먹고 살겠다던 어린 개구장이

삼층 집에 살 때 가끔 이층 올라가
길 가는 사람들 물총 세례 장난치다
화나서 대문 벨 누르면 얼른 방에 숨었지
혼나고 싹싹 빌며 자는 모습
지금도 아련하게 입가에 웃음 번지네

싸우면 형한테 이기고 싶어 씩씩
인정 받고 싶어 땀이 뻘뻘
늘 형 그림자만 좇는 것 같아

손해 보는 듯해도 개의치 않는
착한 동생

어릴 땐 유난히 엄마 품속
스킨십 좋아했지
어릴 때나 지금이나
남달랐던 효심

감자밭은 고사하고
먼 이국땅
빽빽한 빌딩숲 사무실에 앉아
컴퓨터 숫자놀이에 흰머리만 무성

아! 달달하고 따뜻한 감자
삶아 먹이고 싶다

제5부 그땐 몰랐네

늙는다는 건

왜 감추고 싶은 허물 없겠냐만

왜 아름다운 사랑 없었겠냐만

늙는다는 건 성숙해지는 것

덕지덕지 눌어붙은 오욕과 무지

늙음이란 하루하루 익어 가는 것

비우고 버릴수록 가벼워지고 성숙해지는 것

아픔도 슬픔도 고통마저도 그리움이 되지

이 가을 붉게 물드는 저 단풍처럼

지나간 것들은 모두 아름다웠노라!

그땐 몰랐네

인생이란
혼자 왔다 혼자 가는 것
웃을 때도 울 때도 있지

부모님도 남편도 아들도 딸도
영원히 내 곁에 머물 줄 알았지

지나온 날들
얼마나 충만하고 행복한 나날들인 줄
그때는 몰랐지

이 나이 되고 보니
감사함이 행복인 것을
부족함이 충만임을 알겠네

땅속 깊이 묻어 둔
그리움도 고독도 웃을 수 있네

혼자라도 달빛 보며
외로움을 즐길 줄 알게 되었네

시아버님

추석이면
하얀 모시옷 입으시고
대문 밖 신작로 길 바라보시던
인자하신 시아버님

여름 방학이면
옥수수 오이 참외
아무도 못 따게 하시고
아들 며느리 손자 손녀
수확의 맛 느끼게 하시던 당신

설 명절이면
언제 도착할지 모르는 자식들 위해
아랫목 타는 것도 모르고
건넛방 군불 잔뜩 지피시고

추위에 입 코 얼굴 빨개지고
손발 꽁꽁 언 것도 잊으신 채

눈에 밟히는 그림자를 기다리시던 그 모습

팔순이 되고 보니
눈시울이 뜨거워집니다
그때 아버님의 그 마음
이제야 알겠습니다

먼 이국땅에 있는
아이들 보고 싶어
제 목도 한없이 길어집니다

울릉도

푸른빛 바닷물이
파도칠 때
몽돌들의 노랫소리

노을 지는 수평선
예나 지금이나
똑같은데

태하분교 운동장에
뛰어놀던 아이들은 다 어디 가고
폐교가 된 교사校舍만
덩그러니 외로움 되었네

울퉁불퉁 돌자갈 투성인 것을
구루마 막일하시던
페스탈로치 교감 선생님
지금은 어디에 계실까

모두 육지로 나가 버리고
텅 빈 마을
텅 빈 학교
사람 보기 참 어렵네

신임 처녀 선생님
그리움 되어 반백 년 만에 찾아왔건만
울릉도 성인봉만 그 옛날처럼
나를 내려다보고 있네

이제야 알겠다

내 나이 여든이 되어서야
내 삶의 모델이었던 엄마 마음 알았다

효녀인 줄만 알았는데
엄마 심정 제일 잘 이해하는 딸인 줄 알았는데

당신 나이 되고 보니 착각 속에 산 것을
이제야 알았다

가슴 아닌 머리로만 산 것을
열 번의 이해보다 한 번의 공감인 것을

사는 것이 힘들어도 내색 한 번 않으셨지
강인한 여군처럼, 당당한 여인처럼

아버지 일찍 여의어도 자식들 앞에 늘 꿋꿋하신
4남매 기죽지 않게 잘 키워 주신 울 엄마

이제야 알겠다 약한 모습 안 보이시려고
캄캄한 부엌에서 혼자 흐느끼던 그 모습을

얼마나 힘드셨을까, 얼마나 외로웠을까
빈 둥지 새벽 거실에 멍하니 앉아 있던 그 마음 알겠다

크레마티스

빽빽한 화초 속
명당자리 차지하고
태양을 맘껏 품었네

베란다 밖을 향한 너희들
아무도 관심 가져 주는 이 없는데
화려한 보랏빛 꽃들만 뽐내고 있구나

아! 어쩜
이 한겨울
세 번째 꽃피우는 환희

누가 너희들보고 철부지라 하겠니!

하늘길

일흔의 고개를 넘어
여든으로 가는 노을 고개

비우고
버리고
붉게 번져 가는 길

파란 하늘
뭉게구름
아름답지 않은 꽃 있으랴

새 소리
바람 소리 곱지 않은
달빛 있으랴

청산은 깊어서 좋고
세속의 모든 인연 엉켜서 좋고
그리운 사람 있어 하늘 길도 좋고

다리 밑에서 주워 온 아이

아득한 옛날 우리 집 집사 아재
참 재미있고 웃기는 사람이었지

나만 보면
강구 둑 다리 밑에서 주워 왔다 했지

강구 장날 장 보러 갔다
다리 밑에서

풀빵 파는 아줌마
엿장수 아저씨 만났지만

내하곤 하나도 안 닮아
속으로 다행하다고 생각했지

노을이 질 때면
채전菜田에서 손가락만한

노란 꽃 채 떨어지지도 않은
보송보송한 새끼 오이

그 집사 아재 몰래 따
오이 밭을 작살내곤 했지

정말, 주워 온 아이면 어쩌나
그땐 마음도 졸였지만

여든을 바라보니
그 아재가 그리워진다

아마 고인이 되셨겠지
살았다면, 백세百歲는 훨씬 넘으셨겠지

초임 발령

71년 이월 이십오일
울릉군 태하면 울릉중학교 태하분교
첫 신설 학교 발령

그때까지 아무도 이 학교가
어디에 있는지도 몰랐지

옛적 큰아버님께서 울릉도 수협장으로
근무하신 적이 있었지만
오지 중의 오지, 그야말로 낙도

꿈 많은 문학 처녀 시절
무작정 그 푸른 바다에 대한 동경
때문이었지

너무 그 섬에 가고 싶었다
어머니께서 완강히 반대하셨지만
험하디험한 14시간 뱃길 따라 도동에 도착

그곳에서 태하까지 또 통통배 타고 가던 시절

달랑 교실 1칸 교무실 서무실
교실 복도 칸막이해서 사용했지

교감 1명, 교사 3명, 행정요원 1명, 급사 1명
전교생 54명 교사들 각각 3-4과목 담당
나는 영어, 수학, 가정 담당이었지

가정 과목은 여학생 15명
교실이 없어 자취방에서
깔깔깔 웃으며 재미나게 공부했지

첫 부임하던 날 포구엔 동네 사람들
어른 아이 할 것 없이 모두 나와
환영 퍼레이드 해 주셨다

처녀 초임 영어 선생 부임이

온동네 초미의 관심사였다나
육성회장님 동네잔치까지 벌여 주셨지
그때, 내 인기 짱이었지
입학식 날 헬리콥터가
교정 상공을 돌며 취재하였지
그 열악한 여건에 학생들도
선생님도 참 열심이었다

아, 저녁 무렵 수평선 위에
하늘과 바다는 붉은 노을로 장관이었지

섬 일주, 성인봉 산행, 겨울 눈 내리는
나리분지에서 아이들과 뒹굴던 추억
참 아름답고 그리운 나의 초임 시절이었다

난 할 수 있어

하나 둘 모두 내 곁을 떠나가네
나는 발효되어 익어가는 아름다운 시인
행복한 삶으로 가는 길을 아는
인생 열차 타고 가는 팔순의 시인
여든 가까워 늦깎이 시詩 공부하네

컴맹이 걸림돌이 되는구나
남에게 부탁하는 것도 한두 번
용기 내어 도전한 독수리 타법
눈 깜깜, 손가락은 뻐덕뻐덕 쉽지 않네

그래도 기죽지 말고
난 할 수 있어
기필코 시집도 낼 거야!

회상

화이트 크리스마스이브 콘서트
그 아름다운 겨울밤
대구 콘서트 하우스 특별 연주회

동생 부부가 초대했지
디너는 멋진 분위기였네
귀부인이 된 듯한 황홀감
연주는 훌륭했네

비발디의 사계중 '겨울'
차이콥스키의 '안단테 칸타빌레'
크리스 보티의 '저 들 밖에 한밤중에'
르로이 앤더슨의 '썰매 타기' 등등

눈이 펑펑 쏟아지는 하얀 순백의 속삭임
케롤 송이 울려 퍼지는 홀
기다림에 설레었지

교인들의 방문을
그때를 회상하면 가슴이 뛰네
십 대 소녀처럼

웅장한 실내장식과 무대장치
화려한 연주자들
꽉 찬 좌석
마치 스위스 피르스트에 온 것 같은 기분

내 무의식에 고스란히 묻혀 있는
그 고운 감성의 갈피
아, 지난날의 그리움이여!

서연이에게

1

서연아!
초등학교 졸업을 축하해

강보에 쌓인
공주를 안고

기쁨의 눈물을 흘린 때가
엊그제 같은데
벌써 졸업하게 됐구나

예쁘고 건강하게
잘 자라 줘서
외할미는 고맙고 감사해

사랑한다
세상에서 가장 예쁜
공주야!

2

서연아!
벌써 중학생이 됐구나
입학을 축하해

변씨 집안의 장녀
아빠 엄마의 든든한 기둥
정현 준영의 모범이 되는 누나

장하다 우리 외손녀
서로 사랑하고 배려하며
알찬 중학 시절을 보내라

지성과 덕성을 가꾸자
세상에서 가장 예쁘고
현명한 우리 공주!

해설

베란다 카페 1호점

해설

베란다 카페 1호점

김 동 원 시인·평론가

들어가는 말

세계를 호명하는 그녀의 방식은 쓸쓸하고 아름답다. 수평선 너머로 붉게 물드는 생生의 성찰과 혜안이 깃들었다. 그리움의 노래로 홀연히 들리는 그녀의 시법은 아득하다. 말할 수 없는 것에 대해 그녀의 시는 다가간다. 「흰머리 소녀의 꽃 잔치」는 아련하기도 하거니와 서늘도 하다. 인도 여행시는 생사의 깊은 인식에 닿아 있다. 이야기와 직유로 풀어내는 그녀의 시는, 깊은 체험에서 나온다. 그녀의 시는 때로는 구체성을, 때로는 추상적 세계를 넘나들며 조곤조곤 바람의 말을 전한다. 좋은 시는 삶과 유리되지 않는 절실한 그 무엇이 있다. 그녀의 시는 관념이 아니라, 마음 가는 대로 발

길 닿는 대로 이미지와 묘사를 끌고 간다. 말의 유사성을 통해 행간을 직조해 나가는 그녀의 시는, 행복과 기쁨을 선사한다. 「꿈 꾸는 노망」은 웃음과 희망을 준다. 「사모곡」에선 '엄마'를 끌어안고 흐느끼기도 한다. 일상의 인식을 버무려 놀라운 발상의 전환을 시도한다. 시 「또다시 아마존 정글로」는 젊은 날 그녀가 얼마나 진취적이었는가를 짐작하게 한다. 그녀의 시는 위로와 행복을 가져다준다. 넘어지거나, 실패한 자에게 그녀의 시는 따뜻한 위로가 된다. 잘 써야지, 멋진 작품을 남겨야지, 그런 생각에서 벗어난 그녀의 서정은 가슴으로 읽힌다.

이번 김경희 시집 『베란다 카페 1호점』은, 예민하고 섬세한 응시를 통해 본질에 닿는다. 그녀의 멋진 상상력이야말로 시의 꽃밭을 이룬다. 깊은 연륜에서 우러나오는 무욕의 경지랄까, 내려놓은 자의 넉넉한 여유가 좋다. 이 시대 길을 잃은 자, 집을 찾는 자, 사랑과 이별 사이 헤매는 자들을 위해, 그녀의 시는 친구가 된다. 현실은 언제나 참담하지만, 예술은 그 무엇보다 우리에게 위안을 준다. 그녀의 시는 풍경을 통해 자신을 찾아가는 새길을 만든다. 문학소녀 때부터 팔순의 시인이 되기까지, 오래된 습작과 고뇌의 퇴고를 거쳐 노경老境을 이룬다. 언제나 시는 자신만의 독창적 세계관이 중요하다. 사물의 본성을 받아드려 감각적 묘사로 형상화할 때, 신선한 시어가 탄생한다. 그녀의 「가을바람」은 지독하게 앓은 여인의 외로운 그림자가 비친다. 「울 큰언니」와 「울 오빠」는 동기간의 사랑이 심금을 울린다. 그녀의 시는 오랫동안 익힌 서정시의 묵은 맛이 난다. 울림과 감동을 통해 마음을 사로잡는다. 진짜 시는 모든 사람이 좋아한다.

그녀 시의 깊은 사유는 내면 성찰의 결과물이다. 언어에 주름이 있는가 하면, 기억의 역동성을 통해 추억으로 번진다. 주제에 대한 현실성과 집중도는 그녀의 시의 특징이다. 죽음의 세계를 넘어 「하늘길」에 닿는 그녀의 이야기는, 생사의 비밀을 엿보게 한다. 무엇보다 자신의 감정에 대해 솔직하며, 시적 발화는 재치 있고 재미난다. 그녀 시는 때로는 가벼운 정서로, 때로는 무거운 사색으로 변주된다. 시 「그리움」은 서정시의 아름다움과 추억의 편리들이 빼곡하다. 단풍 든 가을 "오솔길"에서 떠올린 "사무친" 사람에 대한 추억은 아릿하다. 아무리 "잊으려 해도 잊히지 않는 사람"에 대한 먹먹함이 스며 있다. 「갠지스강」역시, 인간의 "삶과 죽음"의 가벼움을 담담하게 그린 수작이다. 그녀 말대로 "부귀영화 누린 자 가난한 자 / 화염 속 불구덩 속 한 줌 재가" 되면 그뿐, 인생은 허허로운 것이다. 삶은 화무십일홍花無十日紅이요, 뜬구름처럼 잠깐이다. 여든의 그녀는 "붉은 노을"이 되어 한 편의 서정시가 된다. 화사한 봄날의 꽃도 아름답지만, 그녀 머리 위에 핀 흰 머리칼은 애잔한 고움으로 형상화된다.

베란다 카페 1호점

그녀의 「베란다 카페 1호점」에서 앞산을 바라보는 일은 시적이다. 산안개가 신비로운 흰 띠를 두르고 있다. 세상일이란 참 희한한 것이어서, 노년에 의외로 꽃 피는 일상이 많다는 점이다. 붉게 번지는 저녁노을을 바라보며 그녀의 시를 읊는다. 왠지 따뜻한 홍차 한 잔이 오늘은 싫지 않다. 노년에 이르면 다 긍정하듯, 돌아가는 일도 그리 나쁘지 않다는 생각이다. 천천히, 될수록 아주 늦게, 건강하게 살다 가고 싶다는 함의가 전제된다. 느긋한 마음은 젊은 날엔 도저히 만날 수 없는 기분이다. 나는 그녀의 「베란다 카페 1호점」에 첫 손님이 되어, 창가에 앉아 글을 쓰고 있다. 늙는다는 것은 비우지 않으면 안 된다는 진리임을, 이 시는 깨닫게 한다.

꽃구름이 뭉게뭉게 피어나는
푸른 하늘을
맘껏 볼 수 있는
작은 베란다 카페 1호점 이야기랍니다

정 나눌 벗들과 함께
꽃의 속삭임에 귀를 기우리며
에스프레소, 아메리카노, 라떼, 카푸치노

마끼아또, 바닐라라떼 마시며
장미꽃 나라의 소식도 듣는답니다

소월의 '산유화'도 읊고
목월의 '나그네'도 읊고
생강차, 대추차, 도라지차를 마시며
마음껏 여흥을 누릴 수 있는 곳

베란다 카페 1호점으로
어서어서 오세요
사랑, 우정, 인정, 향기, 지난날 추억들
모두 모두 무료랍니다

이곳은 근심 걱정 털어버리고
클래마티스, 물망초, 부겐베리아도
꽃 웃음 짓는 동네랍니다

봄이 오면 백합도 후레지아도
글라디올러스도 옷고름을 풀겠지요
효성타운, 작은 나만의 베란다 카페 1호점
지금 개업 중이랍니다

—「베란다 카페 1호점」 전문

시작詩作에서 중요한 요체는 행과 연의 자연스러운 흐름이다. 이 시는 부드러운 리듬과 시의 제목이 일품이다. 같거나 비슷한 문장 구조의 반복을 통해 일정한 음절의 선율을 강조한다. 품사와 종결형의 반복적 리듬은 음악적 차원으로 끌어올린다. 김경희의 「베란다 카페 1호점」은 "벗들과"의 작은 수다방이다. 거실에 온갖 화초가 가득 핀 '카페'는 그녀가 사장이다. "꽃의 속삭임에 귀를 기우리며" "에스프레소" 커피를 음미하면 향이 기가 막힌다. "소월의 '산유화'와 목월의 '나그네'"를 낭송하면, 절로 로맨틱해진다. 그곳은 "봄이 오면 백합"이 피고, "후레지아"가 피고, "장미꽃" 소식도 이따금 화제에 오른다. 무엇보다 "사랑, 우정, 인정, 향기, 지난날 추억들"이 "모두 무료"라는 사실이 중요하다. 물론 현재도 성업 중인 「베란다 카페 1호점」은 연중무휴다. 폭설이 내린 겨울 아침 "아메리카노"가 불현듯 생각나거든, 독자여! 꼭 한 번 들려 보길 권한다.

생사生死의 문門

그녀는 여행 광이다. 유럽과 남미, 아시아 구석구석을 누빈 행복한 여인이다. 그 중 「갠지스강」 풍경은, 그녀에게 굉장한 인상으로 남아 있다. 히말라야산맥 빙하에서 발원한

이 강은, 인도의 도시와 벵골평야를 지나 벵골만으로 흘러든다. 갠지스강은 힌두인에게 성스러운 강이다. 불경에선 갠지스를 항하恒河라고 부른다. 억, 조, 경, 해 등을 아득히 넘어선, '항하사'라는 수數는 '항하의 모래알의 개수'만큼 많다는 뜻이다. 힌두교인은 죽으면 시체를 화장해서 갠지스강에 뿌려 주는 것을 가장 염원한다. 그만큼 갠지스는 힌두교인, 그리고 인도인에게 어머니와 같은 존재이고, 영혼을 정화하는 부활의 장소이다.

갠지스강 가에서 물어보라

삶과 죽음의 문門이 다르냐고,

지구촌 관광객 웃음소리 요란하다

영혼 불멸의 신神 시바여!

건강 행복 소원 성취 기원하는

보트 객들 꽃등 행렬 간절하다

멀리서 연이어 솟아오르는 시체 연기

부귀영화 누린 자 가난한 자

화염 속 불구덩 속 한 줌 재가 되리라

인생의 시작이며 마지막인 이곳

갠지스강, 천국으로 들어가는 꽃의 길!

—「갠지스강」 전문

시인들은 여행에서 가장 많이 영감靈感을 얻는다고 한다. 사마천도 '책 만 권 여행 만 리'야말로 위대한 인간의 원형으로 보았다. 그녀의 「갠지스강」가에 서면 생사生死의 문門이 열린다. 강가 한쪽에선 "시체 연기"가 피어오르고, 또 한쪽에선 "관광객 웃음소리"가 뒤엉킨다. 산다는 것은 어쩌면 한 순간 꿈인지도 모른다. 울면서 왔다가 흔적 없이 사라지는 세계는 마법과도 같다. 이승에 와서 "부귀영화"를 누린들, 고관대작이 된들, 저 "화염 속 불구덩 속"에 들어가면 모두 "한 줌 재가" 된다. 그래서 가난한 인도인에겐 "갠지스강"이 또 다른 "생의 시작"점이자, 구원의 강이다. 죽어서 강물에 몸을 씻어야 비로소 "천국으로 들어"갈 수 있기 때문이다. 인도인에게 '시바 여신'이 위대한 것은, 우주 만상을 다 품어 주는 어머니이기 때문이다.

사모곡

이번 김경희의 시집 『베란다 카페 1호점』속에는, 유독 사모곡이 많다. 「울 엄마」는 짙은 그리움의 정서가 행간 속에 가득 배여 있다. 이런 좋은 서정시를 읽고 있으면, 늘 깨어 있어야겠다고 생각한다. 시는 '본다, 듣는다, 만진다, 맡는다' 란 공감각을 잘 유지해야 한다. 어머니만큼 자식의 일거수일투족을 환히 꿰뚫고 있는 분도 드물다. 탯줄로 연결된 사이여서 그런지, 엄마는 아이들에게 세계의 전부다. 하여, 엄마는 자식을 위해서라면, 온몸을 던져 태풍도 막아 낼 태세다. 그렇겠다. 엄마는 지구에서 핀 가장 아름다운 꽃이다. 그 귀한 그녀의 엄마가 지금은 이승에 없다. 「울 엄마」는 그래서 더 애잔하게 다가온다.

가을바람 불어오는 탓이리
왠지 오늘 울 엄마 생각이 무척난다

사무치도록 그리운 울 엄마
아무리 불러도 대답 없는 울 엄마 보고 싶다

쌀 뒤주에 배급 쌀 채우며
천석꾼, 만석꾼 안 부럽다시던

울 엄마

그때는 몰랐지
철부지였으니

자식들 굶기지 않게
배부르게 먹일 수 있어 행복해 하던 그 모습

배꽃처럼 화사하던 울 엄마
얼굴 참 고왔지

왠지 식사 때만 되면 찾아오던 손님들
빈 입으로 돌려보내지 않으셨네

우리 집 가난해도 늘 사람들 북적거렸지
식구들 한술 덜 뜨고 손님 배려하였네

절친 춘희는 가끔씩 함께 밤샘하곤 하였지
잘 익은 갈치김치 쭉쭉 찢어서 하얀 쌀밥 위에 올려 먹었지

그래도 울 엄마
한 번도 눈치 준 적 없었네

그 엄마!

너무 보고 싶다

사무치게 보고 싶다

—「울 엄마」 전문

시는 사람을 철들게 하는가 보다. 팔순에 접어든 노시인에게도 돌아가신 "엄마"는 "사무치게" 그리운 존재다. 휑하니 들풀 위에 불어가는 "가을바람" 탓이리라. 그 아침 문득 엄마가 그리운 건, 시인의 마음이 허허롭기 때문이다. "아무리 불러도" 대답하지 않는, 그 엄혹한 저승을 알기 때문이리라. 어머니의 나이가 되어서야, "철부지"였던 그녀는 비로소 당신의 고단함을 헤아린다. 일찍 돌아가신 아버지를 대신해, "자식들 굶기지 않"으려고 얼마나 엄마가 어둠 속을 헤맸는지를 짐작하게 된다. 가난 속에서도 절대 집에 든 "손님"을 "빈 입으로 돌려보내지" 않은, 그 엄마를 존경한다. 팔순에 시인이 된 그녀가 외치는, "엄마! 너무 보고 싶다"란 말은 뭉클하다.

울릉도

울릉도는 삼무오다三無五多의 섬으로 유명하다. 도둑, 거지,

뱀이 없고, 눈바람, 오징어, 향나무, 미인 다섯 가지가 많다는 뜻이다. 육지와 울릉도를 이어주는 유일한 교통수단은 뱃길이다. 성인봉984m을 배경으로 섬 일주를 하면, 시시각각 변하는 천혜의 절경에 감탄한다. 대한민국에서 9번째로 넓은 화산섬이다. 인구는 약 9천 명이다. 봉래폭포, 나리분지, 송곳 바위의 절경은 푸른 바다를 배경으로 기가 막힌다. 그녀에게 「울릉도」는 교사로서의 첫 발령지이다. 60년 만에 다시 들른 그곳은 폐교가 되어 있었다.

푸른빛 바닷물이
파도칠 때며
몽돌들의 노랫소리

노을 지는 수평선
예나 지금이나
똑같은데

태하분교 운동장에
뛰어놀던 아이들은 다 어디 가고
폐교가 된 교사校舍만
덩그러니 외로움 되었네

울퉁불퉁 돌자갈 투성인 것을
구루마에 막일하시던
페스탈로치 교감 선생님
지금은 어디 계실까

모두 육지로 나가 버리고
텅 빈 마을
텅 빈 학교
사람 보기 어렵네

신임 처녀 선생님
그리움 되어 반백 년 만에 찾아왔건만
울릉도 성인봉만 그 옛날처럼
나를 내려다보고 있네

—「울릉도」 전문

그녀는, 71년 3월 25일 신설된 울릉군 태하면 울릉중학교 태하분교에 첫발을 내딛는다. 그때까지 아무도 이 학교가 어디에 있는지 육지에서는 몰랐다고 한다. 청마 유치환 시인의 제자인 그녀는, 소녀 시절부터 열렬한 문청이었다. 하여, 무작정 그 푸른 바다와 붉은 노을을 동경하여 울릉도 바다를 건너게 된다. 어머니의 완강한 반대에도 불구하고 영어 선생인 그녀는, 14시간 배를 타고 도동 선착장에 도착한다. 그곳에서 또 통통배로 갈아타고 태하까지 죽을 고생을 겪으며 부임한다. 달랑 교실 1칸뿐인 학교. 교무실과 서무실, 교실을 칸막이로 쳐서 사용하였다. 교감 1명, 교사 3명, 행정요원 1명, 급사 1명, 전교생 54명. 교사들은 각각 3-4과목 담당을 맡았다. 그녀는 영어, 수학, 가정 담당이었다.

그녀의 가정 수업엔 여학생 15명이 참여하였다. 교실이 없어 그녀의 자취방에서 깔깔깔 웃으며 재미나게 진행하였다. 그녀는 첫 부임 날을 잊지 못한다. 포구엔 동네 어른 아이할 것 없이 모두 나와 환영 퍼레이드를 해 주었다. 처녀 초임 영어 선생님이 부임한 터라 온 동네가 들썩거렸다. 육성회장이 잔치까지 열어 주었다니, 인사가 이만저만이 아니었나보다. 열악한 여건이었지만 '모든 선생님이 참 열심이었다' 고 그녀는 회고한다. 그녀가 울릉도에서 가장 아름답게 본 풍경은, 성인봉 중턱에서 만난 붉은 노을로 기억한다. 겨울 눈 내리는 나리분지에서 아이들과 뒹군 추억도 새삼 떠올린다. 그녀의 시 「울릉도」는 60년 만에 다시 찾아 그 감회를 읊은 시이다. 그녀의 가슴 한 켠에 늘 있던 "태하분교"는 폐교가 되었다. 그녀에게 울릉도는 인생의 참 기쁨과 허무함을 함께 안겨 준 섬이다.

또다시 아마존 정글로

시에 있어 상상력은 멋진 선물이다. 명시는 언제나 읽는 사람에게 희망을 선사한다. 천지만물은 모두 시의 좋은 벗이다. 시로써 세속의 때를 씻는 것을 시탁詩濯이라고 한다. 무릇 아름다운 풍경의 주인은 시인이다. 시는 수많은 실패에서 피는 꽃이다. 무엇이 걸림이 없어야 좋은 시가 된다. 눈으로 배우고, 귀로 듣고, 부단히 만지고, 스스로 움직여야 시가 나온다. 그녀의 시 중에서 가장 상상력이 풍부한 시가 「또다시 아마존 정글로」가 아닐까 생각한다.

눈 속을 거닐고 싶다
눈 속에 묻히고 싶다

끝없는 안데스가 둘러싼 모레노의 초현실
그 속으로 들어가고 싶다

남미 한 달 여행은 칠순의 도전이었다
모레노의 숨소리가 아직도 귓전을 때린다
빙하에 첫발 내디딜 때의 그 아찔함

비행기 타는 긴 시간이 겁이 난다

팔순의 낡은 용기가 문밖을 서성인다
다시 도전할 수 있을까

가자, 아니다, 가자, 아니다
두 개의 의구심
번갈아 스멀스멀 올라오는데,

마음은, 지금이 황금기다
누비러 가자
또다시 아마존 정글로
외치고 있다

—「또다시 아마존 정글로」 전문

김경희는 영문학을 전공하고, 훗날 자신이 그렇게 원했던 심리학 공부까지 마친다. 그녀의 「또다시 아마존 정글로」를 읽으면, 두 개의 페르소나가 연상된다. 부드럽고 낭만적인 그녀의 성격과 활달하고 거침없는 여장부로서의 그녀의 무의식이다. 이런 모순된 시작詩作 태도는, 세계 여행을 통해 그녀의 성격이 고스란히 드러난다. "칠순"에 "도전"한 남미의 "안데스" 여행은 놀라운 결정이다. "모레노의 초현실" 신화를 그때 경험한다. 그녀는 "빙하에 첫발"을 내딛는 순간, "눈속에 묻히고 싶다"는 생각을 하였다고 한다. "팔순"인 지금도 그녀의 상상력은 무한대의 문을 열어젖힌다. 물론 마음뿐이지만, “가자, 아니다, 가자, 아니다” 외치는 그 정열이 부럽다. 아마 조금만 젊었어도 그녀의 바람대로 “또다시 아마존 정글로” 탐험을 떠났을는지도 모른다.

나가는 말

이번 김경희의 시집 『베란다 카페 1호점』은 다채롭고 깊은 시로 가득하다. 편 편마다 절로 곡절과 사유를 들춰 보게 한다. 시 「내 사랑 쫑」은, 처녀 적 키운 개 쫑을 그리워하는 감동적인 시다. 「동침」은 결혼한 아들과 함께 잠자게 된 사연을 코믹하게 그렸다. 시 「마중물」에선 가족의 사랑이 얼마나 중요한가를 실감하게 형상화한다. 「사친 회비」는 가난한 어린 시절 학비가 없어 눈물 흘린 사연이 곡진하다. 외손녀 「서연이에게」 보내는 편지는, 읽는 이로 하여금 뭉클하게 한다. 물론 그녀의 시 중에는, 「크레마티스」라는 번뜩이는 놀라운 예지의 시도 있다.

빽빽한 화초 속
명당자리 차지하고
태양을 맘껏 품었네

베란다 밖을 향한 너희들
아무도 관심 가져 주는 이 없는데
화려한 보랏빛 꽃들을 뽐내고 있구나

아! 어쩜
이 한겨울
세 번째 꽃피우는 환희

누가 너희들보고 철부지라 하겠니!

—「크레마티스」 전문

시 「크레마티스」는 오랫동안 관찰한 응시의 시다. "아무도 관심 가져 주는 이 없는" "화려한 보랏빛 꽃들을 뽐내고" 핀 '크레마티스'에 대한 멋진 통찰이다. 누가 "이 한겨울 / 세 번째 꽃 피우는" "너희들보고 철부지라 하"리. 김경희의 시적 성찰이 빛나는 명구이다. 또다른 수작 「흰 머리 소녀의 꽃 잔치」를 살펴보며 마칠까 한다. 이 시는 노년의 진솔한 그녀 삶의 이야기가 수채화처럼 곱게 채색된다.

앙상한 가지에 봄기운 돌아

연둣빛 잎새 물오르고

소녀의 젖가슴처럼

꽃봉우리들 앞다투어 터뜨리네

흰 꽃 핀 벚꽃 가지 허공을 만지고

백목련 자목련도 벙글어 탐스럽네

이 짧은 인생 백년 떠올려 보면

붉은 노을 눈물이 젖네

내 생의 화단에 꽃씨를 뿌려도

보아줄 그 사람 어디에도 없네

—「흰머리 소녀의 꽃 잔치」 전문

노년의 그녀 시는 쓸쓸한 달빛 그림자의 언어다. 밖으로 내몰린 바람 소리와 세상의 아픈 목소리가 들린다. 오랫동안 상담 심리학을 공부하면서 그녀가 느낀 점은, 시를 읽다 보면 마음의 위로가 된다는 사실이다. 세계는 규정할 수 없는 복잡한 사건들로 넘쳐난다. 현실은 갈등과 질시로 얼마나 시끄러운가. 그럴 때마다 그녀는 늘 일찍 가신 '남편'을 그리워한다. 그리고 지나간 소녀 때나 처녀 시절을 떠올린다. 꿈 많던 여고 시절 교장선생님으로 모신, 청마 유치환 시인과의 만남을 추억한다. 늘 마음속으로부터 울려 나오는 시의 목소리에 귀를 기울린다. 인간의 무의식 속에는 얼마나 많은 페르소나가 우글거리는 걸까. 「흰머리 소녀의 꽃 잔치」를 하기 위해, 얼마나 많은 굽잇길을 지나왔던가. 얼마 전부터 그녀는 팔순에 시집을 출간하기로 마음먹었다. 그저, 사랑하는 식구들과 가까운 친구들에게 선물할 심산이다. 고독하고 외로운 심정이 될 때마다 그녀는, 시가 정말 위로가 된다고 하였다. 숲을 산책하고, 베란다에 꽃과 식물을 키우고, 시를 읊으며 노을을 건넌다고 하였다. 밤마다 마음속에 일어나는 무수한 상념을 시로 써 보곤 한다는 그녀는, '흰머리 소녀'처럼 첫 시집에 들떠 있다. 얼마나 많은 새벽에 퇴고로 괴로워했을까. 달빛 창가에 비친 돌아가신 어머니가 가장 위로가 된다고 했다. 사랑하는 손주와 손녀들에게 시집을 남긴다는 말도 하였다. 그녀는 지금도 어둠 속 우두커니 거실에 앉아, 꽃병에 가득 꽂힌 꽃들의 수런거리는 수다를 들으며 산다. '베란다 카페 1호점' 아침 문을 열 때까지, 인생은 참 아득하고, 아득하다고 생각한다.

김경희 시집

베란다 카페 1호점

초판 1쇄 발행 2025년 3월 31일

지은이 김경희
펴낸이 이은재

펴낸곳 도서출판 그루
출판등록 1983. 3. 26(제1-61호)
주소 42452 대구광역시 남구 큰골 3길 30
전화 053-253-7872
팩스 053-257-7884
전자우편 guroo@guroo.co.kr

ISBN 978-89-8069-524-9